FLORA FIGUEIREDO

Chão de Vento

POESIAS

GERAÇÃO
EDITORIAL

CHÃO DE VENTO

1ª edição – Maio de 2005
2ª edição – Janeiro de 2006
3ª edição – Abril de 2011

Grafia atualizada segundo o Acordo Ortográfico da Língua Portuguesa
de 1990, que entrou em vigor no Brasil em 2009.

Editor e Publisher
Luiz Fernando Emediato

Diretora Editorial
Fernanda Emediato

Produtora Editorial
Renata da Silva

Capa e projeto gráfico
Alan Maia

Revisão
**Eunice Nunes de Freitas
Eva Nogueira
Marcia Benjamim
Gabriel Kwak**

**DADOS INTERNACIONAIS DE CATALOGAÇÃO NA PUBLICAÇÃO (CIP)
(Câmara Brasileira do Livro, SP, Brasil)**

Figueiredo, Flora,
Chão de Vento : poesia. – São Paulo : Geração Editorial, 2011.

1. Poesia brasileira I. Título

ISBN: 85-7509-123-9

05-3008   CDD-869.91

Índices para catálogo Sistemático:

1. Poesia : Literatura brasileira   869.91

GERAÇÃO EDITORIAL

Rua Gomes Freire, 225/229 – Lapa
CEP: 05075-010 – São Paulo – SP
Telefax.: (11) 3256-4444
Email: geracaoeditorial@geracaoeditorial.com.br
www.geracaoeditorial.com.br

2011
Impresso no Brasil
Printed in Brazil

Índice

A Rubens Scavone

$\mathcal{P}$ouco tempo antes de assumir a presidência da Academia Paulista de Letras, Rubens Teixeira Scavone encontrou um de meus livros em sua casa, levado por sua mulher, Maria Eugenia.

Pediu a ela que me convidasse para um chá.

Quando abriu a porta, intimidei-me com o olhar agudo que ele prontamente adoçou com a pergunta:

– Então é você que escreve a pura poesia? Aquela que havia antes das teorizações?

A saudação derreteu minha insegurança, afinal ela vinha de Rubens Scavone, reverenciado escritor, autor de importantes obras de Ficção Científica, procurador de Justiça do Estado, professor de Direito Internacional Privado, e próximo Presidente da Academia!

Que afago às minhas pretensões poéticas!

Sabedor de minhas origens, do tanto de Tejo que ainda me corre nas veias, brindou meu trabalho com um Porto especial.

Alguns anos depois, Rubens adoeceu e aquietou-
-se em seu quarto, afastado do convívio de todos.

Guardei comigo seu aplauso sincero e abalizado.

Ele é um endosso que minhas páginas beijam e
agradecem.

A Rubens Scavone, minha poesia.

Aos teóricos, meu abraço.

Flora Figueiredo

PREFÁCIO

Encantamentos

Álvaro Alves de Faria

A cada livro, um universo diferente. E a cada universo, uma poesia que renasce nos seus poemas, versos que calam profundamente. No caso de Flora Figueiredo, o que mais se nota é essa poesia feita por mulher, poesia de mulher, da palavra feminina, do gesto feminino.

Este *Chão de Vento* é mais uma belíssima afirmação dessa poeta que tem a poesia na sua intimidade, na sua paisagem mais nítida, como se estivesse diante de um espelho a falar com ela mesma as palavras mais corretas que o poema exige.

Flora conhece seu ofício de ser poeta num tempo de tantos equívocos. Um ofício às vezes doloroso de se colocar diante de um mundo quase destruído por tudo. Recorro a Jorge Luis Borges: "Bem no fundo do sonho estão os sonhos". Mais: "Está só e não há ninguém no espelho". Também busco Florbela Espanca: "Minh´alma, de sonhar-te, anda perdida". Ainda: "O tempo vai um encanto". Deixo falar Eugênio de Castro: "Procuremos somente a Beleza, que a vida/ É um punhado infantil de areia ressequida/ Um som d´água ou de bronze e uma sombra que passa...". E dou a palavra a Flora Figueiredo: "Às vezes Deus acerta tanto/ que a gente nem sabe como agradecer". Ou: "Eu beijo na boca/você faz de conta". Mais: "Não sei por que tanto mar em minha vida".

Flora se situa nesse universo poético de palavras tantas vezes mágicas. Neste livro ela descreve o que vê em sua volta e o que ocorre dentro de si. E o que ocorre em sua volta somente olhos atentos de um poeta podem notar. Somente o olhar preciso de um poeta pode descobrir. Somente o gesto claro de um poeta como ela pode distinguir. A poesia fere e às vezes dói. O poema se faz aos poucos envolvendo a palavra em seu apelo e em sua magia. Em Flora Figueiredo a poesia flui. Mulher, ela tem direito a tudo e a poesia sabe que é assim. A poesia se deixa levar nesse avental de tardes que ela carrega em sonhos e distâncias.

> *Hoje não vou,*
> *que é dia ruim de decisão:*
> *o ninho apareceu cheio de ovos,*
> *o vaso me presenteou com botões novos,*
> *a lua fez alongamentos verdes sobre o mar.*
> *Dia de emoção não é dia de ir.*
> *Quem sabe amanhã amanhece chovendo*
> *e eu fico matemática.*

É quase um retrato poético dela mesma. Na primeira pessoa, ela se coloca dentro do poema, faz parte dele e se revela. Confessa seu instante talvez diante de si, do espelho, do tempo, da descoberta. "Mais uma vez o tempo me assusta", diz Flora num verso do poema "Última página". Um tempo que atropela sua hora e despreza sua agenda: "Corre prepotente/ a disputar lugar com a ventania./ O tempo envelhece e não se emenda". A poeta é incisiva: "Deveria haver algum decreto/ que obrigasse o tempo a desacelerar/ e a respeitar meu projeto".

Flora Figueiredo sabe de seu caminho e de sua vida. A ordem é estar presente nos esconderijos e nos encantamentos possíveis. Assim é feita sua poesia de palavras medidas que às vezes se ferem e outras se despojam na paisagem de sua intimidade de mulher e de poeta. Ela segue os próprios passos na descoberta de seus rumos, "nas verdades que anda mentindo". A verdade é a colheita dos poemas elaborados com o cuidado de um monge, dos momentos que sublima, dos instantes que inventa, do tempo que guarda num estojo de veludo. Tudo isso requer sabedoria. Requer a reinvenção de tudo, de toda possibilidade do poema.

A narrativa poética é quieta, sem alardes, delicada:

"Na penumbra da sala fechada,
pingam palavras de camurça
sobre os seios brancos da donzela recatada".

Um retrato do olhar. O momento em que "tomba uma rosa cor-de-vinho/ junto ao coração de esmalte azul-marinho". Flora Figueiredo caminha nesse tempo de observar. O olhar na paisagem, no tempo. Mas o que vale é a intimidade de uma poeta que se mostra, como se a abrir uma janela ao mundo. *Chão de Vento* é uma viagem de muitos mergulhos, voltas e idas, silêncios e veemências. "Sempre pensei que quando a gente envelhecesse,/ o tempo por fim se condo-esse/ e parasse de vez de pregar peças". Diante disso, ela pede aos anjos novamente que lhe deem licença para errar mais um pouquinho, ela que conhece suas pegadas, de tanto ir e vir.

É assim a poesia, é assim o poema.

Ah, Eugênio de Andrade, olhar branco para a vida, o aceno frágil a decorar o tempo: "Trabalho com a frágil e amarga/ matéria do ar/ e sei uma canção para enganar a morte/ – assim errando vou a caminho do mar". Ou ainda:"Escrevo para fazer da luz/ velha dos corvos/ o limiar doutro verão".

Os poemas de Flora me levam a Eugênio nesta manhã quase de sol de um junho perdido do calendário. Quero com ela cami-nhar os encantamentos possíveis.

Chão
de
Vento

1. Leva-e-traz

Quando a palmeira balança segredos,
vale a pena escutá-la.
O vento lhe traz notícias frescas todo dia.
Quem foi que disse que vento não fala?

2. Origami

Dobra que dobra,
redobra.
Põe de pé,
puxa as pontas.
Não fica perfeito,
mas faz de conta;
um pouco torto,
mas ninguém vê.
Não faz mal:
é só um pedaço morto
de folha de jornal.
Ficou de lado,
meio largado
na gaveta.
Ao voltar,
as letras de papel terão voado.
Palavra mal guardada
acaba se tornando borboleta.

3. Gangorra

Eu namoro a noite,
você apaga a lua;

eu perfumo o lençol,
você dorme na rua;

eu aprumo a estrela,
você a entorta;

eu colho a maçã,
você traz a lagarta;

eu rego o ipê,
você parte o galho;

eu tempero com sal,
você talha o molho;

eu lavo o cristal,
você trinca a ponta;

eu adoço com mel,
você passa do ponto;

eu beijo na boca,
você faz de conta.

4. Retrospectiva

Porque a vida é feita de proibições,
eu não compus todas as canções,
não percebi a brisa suspirar,
eu esqueci cantigas de ninar,
dei chances demais à voz dos credos,
não rompi de vez todos os medos,
roubei do tempo um tanto de carinho,
não vi a flor amar o passarinho,
perdi o trem na curva da vertente
e não deixei o mel melar completamente.

Porque a vida é feita de proibições,
larguei o fio, soltaram-se os balões,
deixei que o pião revirasse sozinho,
mandei que o zangão se zangasse baixinho,
desprezei a bruma que baixou o véu,
permiti à palavra dormir no papel,
evitei o desvio que atravessa a estrada,

não quis o desafio da ronda embriagada,
não li o poema do poeta maldito
e não tive o dilema do beijo infinito.

Porque ainda há tempo para o encantamento,
quebre-se o vidro do sermão absoluto,
rompa-se a teia, reveja-se o estatuto,
que a primavera quer amar o chão de vento.

5. Meias de jornal

Pés no chão, endurecidos de tão frios.
Nus, como o verde da palmeira
que lava-enxuga, lava-enxuga.
Para a crueza da noite, meias estampadas:
são folhas do jornal de sexta-feira.
Uma luz de alumínio sobre a manchete:
A CPI DA CORRUPÇÃO NÃO DEU EM NADA.
... no corrimão da madrugada, dorme um pivete.

6. *Lugar marcado*

Sempre no mesmo lugar,
as cadeiras vazias questionam seu enredo.
Estão vazias dos que saíram cedo
ou daqueles que resistem em chegar?

7. Maria sem chorar

Ela foi marcada a fogo,
mas ninguém diz.
Levanta o véu, Maria,
e mostra a cicatriz.

8. Momento mole de uma tarde de abril

Cadeira do lado de fora,
alpargatas.
Óculos embaçados de limpeza mal feita,
que, afinal,
feriado nacional não foi feito pra esforço.
Nuvem com forma de baleia,
sol mortiço.
Essa tarde sem compromisso
ainda vai acabar em lua cheia.

Tem mosquito atormentando!
Não sabe que, de vez em quando,
a gente tem direito de estar só?
E por que será que a neta
tem que andar sempre
com a roda frouxa na bicicleta?
Tomara que não solte,
senão vai ter choradeira.

Semana que vem se conserta.
Talvez na segunda ou terça-feira.

Cheiro de café fresco,
vindo da cozinha.
Tem coisa melhor que manteiga derretendo
em pão quentinho?
Às vezes Deus acerta tanto
que a gente nem sabe como agradecer.
Por isso é que não se mata passarinho.
E tem goiabada com queijo,
melado com farinha,
pinga com limão.
O resto, a vida ajeita.
Não fosse a obrigação,
a Criação teria saído bem perfeita.

Anu branco dá azar.
Passa, danado!
Vai assombrar o telhado do vizinho,
que hoje é feriado e não quero amolação.
Pai-Nosso só amanhã.
Nem banho, nem barba feita,

nem ouvido pra conversa de mulher.
Um futebolzinho na televisão,
um noticiário qualquer,
até o sono chegar, dando coceira na nuca,
coisa mais maluca, sem pé nem cabeça.
Antes que o corpo amoleça,
um cigarro e mais um trago,
que desse mundo nada se leva
e essa vida não vale um vintém.
Viva Joaquim José de Silva Xavier!
Até o ano que vem.

9. Paredes

Paredes quietas
olham o poeta.
Calam-se cáusticas.

Paredes frias
cobram o poeta.
Despem-se lúdicas.

Paredes nuas
beijam o poeta.
Fendem-se túrgidas.

10. *Volto já*

Coração fechado para balanço.
Inoperante.
Mesmo com saldo negativo,
ele amanhã abre de novo
e segue adiante.

11. Oração da manhã

Bom dia, Pai.
Vamos tomar juntos o café da manhã?
Temos pendentes tantos assuntos!
(O pão está fresquinho,
o café bem quente).
Ainda que só um minutinho,
nós precisamos conversar:
o mundo desandou de tal jeito,
que nada mais parece ter efeito.
Nem Ciência, nem teoria,
nem fórmula, nem maestria
conseguem colaborar.
Cada qual briga pelo seu bocado
sem nenhuma decência, sem qualquer restrição.
Perdeu-se nas cinzas o espírito cristão.
Por isso, a minha ideia
(por favor, passe a geleia)
de recorrer a uma ajuda;

sem Você, a situação não muda.
A ambição vem engolindo a Terra;
a sociedade, cada vez mais dissoluta.
E fique atento,
pois andam procurando uma fé substituta.
Os governantes estão cegos;
que tal devolver-lhes a visão?
Carregam pregos nas mãos,
crucificam o povo.
Não quero que Você morra de novo!
Meu Jesus, multiplique o pão.
Perdoe esse bate-papo,
(à sua frente tem um guardanapo)
é que estou tão aflita!
Que bom receber Sua visita logo de manhã!
Devo Lhe contar um segredo:
quero sair de casa, mas tenho medo,
preciso segurar Sua mão.
Ainda falta agradecer tanta graça!
O girassol que nasce na calçada,
o rosa-amarelo da alvorada,

o pedaço de céu que pinga na vidraça,
na gota de orvalho que cai.
Daqui pra frente, eu sigo meu caminho
e Lhe entrego todo meu afeto.
Você é mesmo meu amigo predileto!
Bom dia, Pai.

12. Jogo de dados

Dobrei outubro sobre outubro,
desfolhei a sola do sapato.
Bebi lágrimas dos astros carentes
que se descolam do espaço
na procura de novos azuis.
Saíram em busca, eu também fui.
Perfilei nuvens, como quem adestra o impossível,
desenrolei caracóis.
Quando julgo alcançar minha bandeira,
enfrento uma fera de fome voraz.
Diz o cartaz:
Entrada Proibida. Retorne agora ao ponto de partida.

13. Glicose

Numa guerra sistêmica,
a Curva Glicêmica acusa quem deita, rola e abusa.
Melancolias do Natal percebem em janeiro
que foram se afogar no açucareiro.

14. *Insônia*

Silêncio.
Madrugada.
Rua vazia.
Uma lua branca de linho
estendida no escuro,
sobre o nada.
Num momento insone,
conversam confidentes
Presente, Passado, Futuro.
Um pensamento corta o espaço
versejando a esmo.
Escuto passos:
é meu coração abrindo a porta de mim mesmo.

15. *Doce veneno*

Não tenho certeza
se te quero à mesa.
Por via das dúvidas,
coloquei a farinha, a pimenta brava,
o feijão mulato.
Não sei se ponho ou se retiro o prato.
Não sei se me mato ou me envergonho.

16. *Escapismo*

Tristezas podem ficar caladas.
É só não puxar por elas.
Enquanto dormem,
abastecemos a barca de sonhos,
aquietamos o rio das indagações.
Quando a tristeza acordar pálida do pó de seus porões,
é nossa vez de descansar.
O ponteiro do desencontro torna possível navegar.

17. Como nascem as manhãs

O fundo dos olhos da noite
guarda silêncios.
Esconde na retina
a menina que corre descalça em campo aberto.
Pálpebras cerradas, a noite emudece.
A menina com medo
faz um furo no escuro com a ponta do dedo.
Cai um pingo de luz.
Amanhece.

18. *Frutífero*

E se testarmos as metades das laranjas?
Deixe a sua acoplada com a minha.
Se não ficar direito, a gente ajeita.
A de baixo parece estar perfeita,
a de cima, se conserta.
Eu mexo meu pedaço, o seu aperta
até que as partes fiquem ajustadas.
Certamente iremos descobrir
a melhor maneira de extrair
o sumo para doce laranjada.

19. Ao visitante

Entrar assim de repente,
como se fosse perfeitamente natural
usar a porta da frente,
recolher o jornal,
destravar o cadeado,
passa muito longe do que foi combinado.
Não é bem assim:
não lhe cabe regar as bromélias do jardim,
alimentar o canário,
maltratar o cão,
rondar a geladeira, escolher a refeição,
cochilar na rede da varanda
como se fosse sempre final de sexta-feira,
abusar do meu frasco de lavanda.
Evite o telefone, não responda à campainha,
deixe no lugar a escova que é só minha,
o roupão de banho, as meias de lã.
Ao se retirar, apague a luz do *abat-jour* cansado,
mantenha o marcador no livro começado,
esconda a chave da gaveta de segredos.
Mas ao voltar amanhã, por favor, chegue mais cedo.

20. *Amarras*

A Lembrança é um barbante.
Uma ponta amarrada no começo da história,
outra, em nosso tornozelo.
Se o fio estica muito, mal dá para continuar.
É a linha da Memória que vai ficando puída,
a da Lembrança, não.
Feita de fibra grossa,
não afrouxa até que um anjo venha desatá-la
e a transforme numa corredeira de estrelas.
E quanto mais a corredeira for comprida,
tanto mais rica há de ter sido a vida.

21. Sonho baldio

O pincel imaginário desenha cavalinhos no ar.
Já são tantos que podem até apostar corrida.
Aquele que ganhar, leva um prêmio:
picolé de groselha.
O último paga um castigo:
pendurar a roupa lavada no varal.
Quando escurecer, a brincadeira vai perder a graça.
Dá-se um jeito. Os cavalinhos são amestrados
como os do circo da lona furada.
Sabem saltar silêncios.

22. Grafite

Não seremos marido e mulher,
nem mesmo amantes.
Que tal apenas namorados intermitentes,
docemente nos amando, itinerantes?
Trocaremos afagos, quando o dia adormecer,
na encruzilhada;
deixarei em você meus cheiros de mulher.
Lançaremos olhares disfarçados,
que certamente passarão despercebidos,
pois namorados são de Deus os protegidos.
Quando nossas mãos roçarem-se furtivas,
vão insinuar desejos abafados,
pelas regras da vida censurados,
mas que são flores no canteiro, sempre-vivas.
Ao nos encontrarmos pela tarde rua acima,
lá onde a mangueira domina a rotatória,
assinarei um verso sublimado
a grafitar nossa parede divisória.

23. Ilha

Não sei por que tanto mar em minha vida.
Ele que fala sempre em despedida,
que canta distância e solidão.
Por vezes parece até que ele vaza,
derruba minha porta,
invade minha casa,
ocupa minha cama,
lava meu chão.

Ele é que faz do leva-e-traz de cada onda
o mensageiro dos afetos separados
e que conserva segredos bem guardados
lá no horizonte, onde a terra se arredonda.

São tantos anos de tamanha intimidade,
que carrego a forte sensação
de que o mar alterou-me a identidade:
metade água, metade coração.

24. Beira de fogão

No aparador da cozinha,
cabeçudos e enfileirados,
os palitos de fósforo
são a legião de soldados
do império de sonhos da rainha.

25. *O colecionador de estrelas*

Para Nando

O menino de olhos tristes
descalçou os sapatos,
rasgou os contratos
e partiu.
Foi colecionar estrelas.
Algumas delas
deslizaram do escuro
e ofereceram-se encantadas;
outras, lívidas de espanto,
ficaram acuadas sem se entregar,
pois o menino de olhos tristes
destelhara os segredos da noite
e dominara os decretos do mar.

Ao perceber-se abarrotado de estrelas,
o menino içou as velas
e voltou.

Mas – surpreso – constatou
que sua coleção tinha debandado
e retornado a seu próprio território.
Ele olhou o céu novamente estrelado
e dormiu agradecido.
O menino de olhos tristes tinha aprendido
a beijar a vida e abraçar o transitório.

26. A moça do vestido verde

Discreta, ela atravessa a rua em linha reta.
Todos os dias a vejo passar no mesmo horário.
O vestido ligeiramente comprido,
cintura no lugar, bolsa na mão.
No pescoço, o cordão e o escapulário.
Ela não olha para os lados.
Para quê?
Mulheres são indecentes, homens safados.
O melhor é fingir que não se vê.
E os camelôs e suas barracas ilegais?
Ela arrisca um olho
seduzida pelo barulho colorido,
mas logo se arrepende e não olha mais:
seu recato não permite resvalar no proibido.
Ontem, a moça do vestido verde deu um encontrão
no rapaz de bigodinho, pasta , perfume, colarinho;
o conteúdo da bolsa espalhou-se pelo chão.

Constrangido, ele ajudou a moça do vestido,
pediu desculpas, beijou-lhe a mão.
Hoje, eu a vejo passar na hora certa.
A bolsa, a cintura no lugar, a postura ereta.
Ela para, olha para os lados, retoca-se no espelho.
A moça segue radiante. O vestido é vermelho.

27. Perplexidade

Sempre pensei que quando a gente envelhecesse,
o tempo por fim se condoesse
e parasse de vez de pregar peças.
Agora vem você desavisadamente,
colocar minha oração em desalinho,
desafiar-me a retidão posta às avessas.
Por isso peço aos anjos novamente,
que deem licença para eu errar mais um pouquinho.

28. Bom-senso

Hoje não vou,
que é dia ruim de decisão:
o ninho apareceu cheio de ovos,
o vaso me presenteou com botões novos,
a lua fez alongamentos verdes sobre o mar.
Dia de emoção não é dia de ir.
Quem sabe amanhã amanhece chovendo
e eu fico matemática.

29. Caos

Não sei se rasgo de vez
ou se costuro;
se desmancho tudo
ou se decoro;
se aumento o espaço
ou se levanto o muro.
Desajuste.
Se eu tirar a goma,
a folha entorta
mas se eu a deixar,
é folha morta;
se eu limpar o trilho,
fica liso
mas se deixar ficar, perde-se o brilho.
Um pouco de emoção, um pouco de loucura.
A roda passa, a vida dura
até o dia em que a poesia se desmanche
e de uma vez pra sempre a música se canse.
A pedra do chão então se abre ao meio
e vira-se recheio de uma terra em transe.

30. Borbulhante

Guardei meu poema dentro de uma bolha de sabão.
Como não ficar seduzida
pela circunferência lisa e transparente,
onde o arco-íris passeia docemente
e morre de amores pela espuma colorida?

Acomodado na nova moradia,
o poema suspirou e adormeceu.
Quando acordou, já não mais me pertencia.

A bolha de sabão se deslocara
e o poema apaixonado que eu criara
descobriu de repente que era teu.

31. Fé

Sob a abóboda, uma tonalidade âmbar,
que entra quieta pelos vitrais.
Um leve aroma de incenso,
que os dias de hoje já nem usam mais.
De joelhos, os fiéis contritos;
em pé, os devotos aflitos;
sentados, os mais conformados.
Um grupo discreto murmura confiante
uma novena:
a esperança é grande,
a sorte é pequena,
só Deus que dá jeito.
Ave Maria, cabeça baixa, mão no peito,
talvez um dia.
A viúva recente, a moça carente,
o desempregado;
a mãe alarmada, a sogra injuriada,
o velho doente;
uma adolescente que quer namorado.

No nicho da esquerda, a imagem parece
sensibilizada.
Também, tanta prece...
Olhos comovidos, gesto suplicante,
aos pés uma rosa e a serpente pisada.
Lá na frente, um Cristo sofrido pede penitência,
que o pecado é insistente,
o corpo é atrevido
e a gente escorrega por inconsequência.
Depois do conforto,
o frasco de água benta na porta da saída.
Se houver recaída, só fé que sustenta.

32. Cortinas Fechadas

Ato contínuo –
a mãe grita
o cinto estala
o menino chora.
O pai vai sair mas não demora.
Vem contar moscas no sofá da sala.

33. *Ocaso*

No entardecer do Verão,
uso chapéu de palha
e calçados de bem-me-quer.
Percebo a mulher no espelho,
enfeitando saudades com laços de prata.
Sobra um espaço nas entredobras.
Visto mormaço.

34. O menino de sal

Para Freddy

Ele galgou silencioso as ondas do mar.
Determinado, dominou-as.
Como que encilhadas, elas se rebelaram:
onda de respeito não aceita ser domada.
Enfurecidas, lançaram no espaço
um protesto de espuma.
Sem pressa nenhuma, o menino insistiu.
A onda mais brava se revolveu e se insurgiu,
arremeteu, rosnou, subiu,
arranhou o céu, aliou-se ao vento,
formou sua muralha de cimento
e arremessou.
O menino sorriu seu sorriso moreno,
que desde pequeno levava consigo
para os momentos de dor e de perigo.
Enfrentou a batalha de água,
de espuma,

de muralha,
de desaforos do mar
e só foi sossegar,
quando a onda achatou-se na areia,
submissa;
ele entortou-lhe o brio, a força, a dobradiça.
Vitória assegurada,
pegou a prancha, guardou o sol e partiu.
A tarde quando viu, arrepiou-se toda,
ameaçou, exigiu, derramou seu veneno
numa fúria pérfida e voraz.
Ela não sabe do que é capaz
um menino de sal e um sorriso moreno...

35. Condenação

Deixe a luz acesa, que eu estou com medo de mim.
Bati na porta errada,
disse a palavra inadequada,
queimei o filme,
rasguei o cetim.
Hoje eu tropecei na própria sombra,
errei a mira,
quebrei o cristal.
Se alguém me disser que não faz mal,
quem sabe eu me convença
e anule de vez essa sentença
que determina minha pena capital.

36. *Indomável*

Sem água morna,
sem pedra mole,
nem fogo brando.
Amor quando chega,
tem que vir arrebatando,
virando a mesa,
rompendo a porta.
Amor que se preza
agarra a vida na marra
e desentorta;
abraça a hora com força
e desamassa.
Vem certo de ficar, vai indo embora;
vem pensando em partir, mas vai ficando.
Sempre confundindo, é certo-errando
que deixa tudo fora do lugar.
...e quanto mais o peito resistir,
o tanto mais vai explodir de muito amar.

37. Motim

Estou de saída
e que ninguém me siga.
Quero falar sozinha,
chutar a sombra,
cuspir no prato.
Rasgar a censura,
perverter a seita,
maldizer o gato.
Reduzir a etiqueta a pedacinhos,
desembarcar onde o lugar é descaminho,
esquecer o bicho em extinção.
Sem pedir permissão
quero ficar comigo
e, se for preciso, me ponho de castigo.

38. Consenso

Não fique mais no capacho,
no andar de baixo,
na área de serviço.
Não temos nenhum compromisso,
nem hora certa, nem papel timbrado.
Eu fico aqui, você no quarto ao lado;
eu, página virada,
você, lugar-comum.
Nosso tema de amor é qualquer um.
Minha toalha, dobrada,
seu copo, vazio.
A nossa história fica por um fio,
pendente apenas por um resto de saudade.
Para dizer a verdade, eu me condeno
por aceitar esse desfecho tão pequeno
a empurrar a nossa porta de saída.
A amizade ficou e a qualquer hora
ela se cansa de estar e vai embora,
sem vacilar na hora da partida.

39. Toada

Hoje é domingo
e eu acordei quotidiana.
Vontade nenhuma de sair da cama.
Do lado de lá da janela,
um sabiá insistente.
Repetitivo,
repetitivo,
repetitivo.
Basta-me como som.

No tapete do quarto,
os mesmos fiapos de sol,
que se parecem com cabelos de anjos.
Estriados pelo chão.
Repetitivos.

Sobre a cômoda,
a santa barroca de olhar perdido
recebe minha oração matinal:

sempre o mesmo pedido.
Repetitivo.

Vejo o retrato oval de meu avô,
na parede de papel listrado.
Colarinho engomado,
olhar altivo.
Meu filho se parece com ele.
Gosto dessa continuidade.
Repetitivo.

Do criado-mudo,
o telefone rasga o silêncio, impositivo.
– Alô, quem fala?
– Desculpe, foi engano.
Repetitivo.
Fecha-se o círculo do meu quotidiano.

40. Reza de mãe

Nem imagino onde eles estão agora.
Era mais fácil quando vestiam o pijama
e pediam a história do elefante azul.
Parece que restou um cheirinho de talco
na almofada do quarto;
deve ser só impressão...
Nesse tempo, eu não tinha medo da noite:
ela era o telhado dos poetas;
as sombras eram apenas a franja
mal aparada dos anjos.
A trava na porta me bastava.
Hoje, as camas vazias me assustam.
Elas acusam o passar das horas
e denunciam a revoada dos pardais,
os meus pardais.
Já não posso abrir minhas asas sobre eles.
São pequenas demais para cobri-los,
frágeis demais para defendê-los.
Ainda bem que me resta a prece,

minha aliada nos dias de nuvens e
nas madrugadas sem fim.
Peço perdão pela insistência,
mas reza de mãe é assim mesmo:
pura perseverança.
Que Deus abençoe minhas crianças
de barba na cara e calçado quarenta e dois
(o resto na vida é secundário e fica pra depois);
que as ilumine com Seu sorriso
e, se preciso, acione Seu séquito de estrelas
(se tiver que usá-las, prometo devolvê-las).
E quando o cansaço me quiser já recolhida,
hei de poder sorrir pela missão cumprida.

41. Tarde de cetim

Na penumbra da sala fechada,
pingam palavras de camurça
sobre os seios brancos da donzela recatada.
Dedos fervilhantes afagam almofadas
à espreita dos mamilos principiantes.
No piano de cauda, pálpebra baixada,
dormita o teclado.
Chopin na partitura queda-se calado.
O ar é quente e a sala escura.
Do par de candelabros escorrem
luzes de cera frouxamente amarelas.
O anjo rotundo baixa a sentinela.
Rompe-se a textura do silêncio
com um súbito ruído:
sobre a calma do tapete, um cristal partido.
Tomba uma rosa cor-de-vinho
junto ao coração de esmalte azul-marinho.

42. Pés

Conheço minhas pegadas, de tanto ir e vir.
Às vezes pisam fundo
como carregassem o peso do mundo;
às vezes ficam amassadas
sob o descuido das outras pegadas.
Sobre elas, a lua nova desdobra sua saia
em cena de nudez no chão da praia.
Só perco meus passos na maré cheia:
essa mania do mar de tirar seus sapatos sobre a areia.
Conheço bem minhas pegadas.
Sou capaz de identificá-las em qualquer lugar.
Se ao menos eu soubesse aonde vão me levar...

43. Mamãe

Ela costumava pôr bilhetes
embaixo de meus pratos de sopa.
Eram reprimendas bem dobradas,
conselhos e sugestões.
Hoje, ao reler a velha letra,
eu faço dela meu livro de orações.

44. *Calendário*

O tempo vai jogando fora
brinquedos,
desenhos,
rolhas de garrafa.
Vai dobrando papéis,
fechando gavetas,
empilhando livros,
apagando etiquetas.
Que bom que o tempo tem tantas coisas a fazer!
Se não as tivesse,
ele teria sido apenas um corpo
que desliza, oscila, cansa
e envelhece.

45. Tributação

Ó lua incompleta,
lua claudicante,
nem lua de poeta,
nem lua de amante,
devolve à terra o pedaço escondido
sob a roda branca do vestido,
sai à praça.
A poesia está pedindo ajuda,
sem fantasia o coração não vinga
e sobre luz de lua não incide taxa.
Ainda.

46. *Depressão*

À força, arrancada a farsa,
a pétala se esgarça em trapos,
a nuvem desmancha-se em fiapos,
a sombra afasta-se do escuro e se dilui.
Engolfa a terra os despojos escondidos
do cenário que rachou mal-sucedido,
pela falência do sorriso que já fui.

47. *Paisagem urbana*

Num ponto qualquer da cidade
trêfego
trôpego
sôfrego
bêbado.
Ele tem medo da sobriedade.

48. Clonagem

Aquietei minha tristeza nos seus olhos,
amansei minha pressa no seu tempo,
apoiei meu sonho em seu pensamento.

Minha fantasia pendurada no seu peito,
minha vontade apoiada em seu direito,
pintei meu perfil em sua identidade.

Desliguei o minuto
que é para saber se porventura escuto
as fibras do meu coração em desalinho;
depositei em suas mãos meu abandono.
Seu clone, seu sangue, seu carbono,
desenrolei debaixo dos seus passos meu caminho.

49. *Perseverança*

Sofro pela espera longa e infundada,
pela flecha que saiu sem dar em nada,
pelo remo que quebrou sem navegar,
pela rocha que tombou, partiu-se ao meio
e brotou pedras onde eu quis colher centeio,
pela manhã que amanheceu sem se deitar.

Escuto a cotovia que insinua
que o cravo morreu, mas a terra continua.

Bendigo o chão por cada grão e me comovo.
Parto de novo.

50. *O plantador de girassóis*

Para Fábio

Lá vai ele semeando azuis.
Passa por terras ácidas,
por marés graves,
que converte em focos de luz.
Deve ter uma orquestra no bolso
e sementes de sol no coração.
A fila cresce:
o que admira,
a que suspira,
a que padece.
O semeador avança,
a orquestra toca,
o mundo, sem querer, entra na dança.
A festa aumenta.
Se a noite ciumenta se apresenta
e em protesto espalha seu negrume,
o semeador derrete a escuridão:
seduz a estrela e acende um vagalume.

51. Quatro por quatro

Numa perfeita quadratura
cara-metade
meia-costela
ele promete
ela jura.
Bênção
sobrenome
assinatura
até parece novela.
O mundo roda
a jura é rasa
a bola fura.
No porta-retratos do passado,
um sorriso imaculado
cai da moldura.

52. Capítulo

Na página virada,
uma beleza que ficou para trás.
A página seguinte, meu destino, tanto faz.

53. *Proibição*

Fujo
mas acho falta.

Evito
mas tomo nota

Comentam
mas que me importa?

54. Nua e crua

Não sou gente grande o tempo todo:
tenho medo do escuro,
de sombras que se esgueiram por detrás dos muros,
do bicho amoitado no jardim.
Meu barco de papel desce na enxurrada,
lambuzo os dedos com marmelada,
às andorinhas revelo meus segredos.
Coleciono joaninhas na caixa de sapato.
A tarde cai, finda o primeiro ato.

Na cena seguinte e obrigatória,
sou um adulto frente ao noticiário.
O comentário é triste,
a visão é turva, o som é rouco.
O locutor insiste.
Frágil me curvo, e morro mais um pouco.

55. Melódico

Canto aos quatro cantos,
aos quatro ventos.
Desnudo as pautas do tempo
em claves, bemóis e sustenidos.
Hei de fazer chegar aos seus ouvidos
uma rima de amor em tom maior.
Quando o mundo cantá-la já de cor,
eu trago a flauta
que põe ternura nessa nota que ainda falta
pra perpetuar o nosso amor na partitura.

58. *Receituário*

Dispense os chás de ervas,
os calmantes,
as receitas de lorotas em conserva,
alucinógenos,
bebidas inebriantes,
álcool em excesso,
glicógenos,
os moderadores, os estimulantes,
as bulas de remédios limitantes,
as lições de poder sob medida.
Liberte o coração e beba a vida.

59. *Expectativa*

O vento anda ficando mentiroso:
prometeu trazer você – não trouxe,
de dizer o porquê – não disse;
esperou que eu me distraísse,
passou com pressa rumo ao horizonte.
Já não tem importância
que cometa outra vez
um ato de inconstância.
Aprendi a esperar.
Se ventos são capazes de levar embora,
a qualquer hora
também serão capazes de fazer voltar.

60. *Ordem do dia*

Eu abro a janela,
você acende o céu,
o gato toca o guizo.
Se for preciso,
a gente chama a banda,
cobre de lírios o espaço da varanda,
dá um brilho na pátina da areia.
Risca-se o poente com giz colorido
que faça sentido com a pele do mar.
E se, ao final da linha,
o rádio anunciar que tudo deu errado:
a ideia faliu,
a alegria dormiu,
o projeto quedou-se malfadado;
negou-se o teorema,
falhou o sistema,
perdeu-se a teoria,
então, abriremos por fim a nossa caixa,
onde se conservam bem guardados
o sonho, o veludo e a fantasia.

61. Última página

Mais uma vez o tempo me assusta.
Passa afobado pelo meu dia,
atropela minha hora,
despreza minha agenda.
Corre prepotente
a disputar lugar com a ventania.
O tempo envelhece e não se emenda.

Deveria haver algum decreto
que obrigasse o tempo a desacelerar
e a respeitar meu projeto.
Só assim, eu daria conta
dos livros que vão se empilhando,
das melodias que estão me aguardando,
das saudades que venho sentindo,
das verdades que eu ando mentindo,
das promessas que venho esquecendo,
dos impulsos que sigo contendo,
dos prazeres que chegam partindo,
dos receios que partem, voltando.

Agora, que redijo a página final,
percebo o tanto de caminho percorrido
ao impulso da hora que vai me acelerando.
Apesar do tempo e sua pressa desleal,
agradeço a Deus por ter vivido,
amanhecer e continuar teimando.

CTP, Impressão e Acabamento - IBEP Gráfica